El cadáver del puente

por Teresa Garviar

ÍNDICE

INTRODUCTION

This book belongs to the *IMPROVE SPANISH READING* series specially written for those people who want to improve their Spanish level and vocabulary in a fun and entertaining way. Each book highlights every level's contents, from beginner to expert.

The stories are thought for people who are tired of reading books in Spanish without understanding them. Due to that, we have used a learning method based on the natural daily dialogues and expressions that, thanks to the summaries of each chapter, vocabulary index and the approach to the Spanish idiomatic culture, will get your Spanish to be more fluent.

At the end of the book you will find a downloadable audio link. Each story is recorded by a native Spanish speaker. With this audio, you can learn how to pronounce Spanish words properly while reading the novel.

The more advanced learning methods affirm that the most natural way of learning a language is close to the way children do. To that effect, these stories turn out to be perfect. It is not about understanding every word we are reading. It is not a reading and translating job. The real way of learning a language is understanding the context. We must be able to create an approximate idea of what the story is telling us, so later we can learn the vocabulary that will help us to find the needed words to express ourselves.

How do we use this learning method?

It is recommended to do a previous reading of the vocabulary before plunging oneself into the story, although this is not absolutely needed.

First of all, we will do a complete reading of each chapter. It does not matter if we do not understand everything we read; at the end of each chapter we will find a summary in Spanish and in English that will allow us to understand better what we have formerly read. If our comprehension has been good, we will continue with the next chapter; if it has not, we should read it again and check that now we understand the context better.

At the end of the reading we should do the comprehension activities that we can find at the end of the book.

We can play the audio while reading the book to improve our pronunciation or try to listen to the audio without reading the book and check if we understand everything. Either way, we will improve our Spanish language.

Throughout the stories we will find repeated topics, like greetings, meals, clothes, conversations in hotels and restaurants, addresses and descriptions of people that will help us interiorizing concrete and specific structures. These structures will be the base of the language knowledge in real situations.

El cadáver del puente

por Teresa Garviar

Capítulo uno

El inspector Ponce está en su casa. Son poco más de las tres de la madrugada y él acaba de dormirse. El teléfono suena. La habitación está a oscuras. El hombre enciende la luz de la mesilla y mira a Paula, que aún sigue dormida a su lado. En la pantalla del teléfono ve que se trata de una llamada de Robles. Si le llama a estas horas es que debe ser algo importante. Se levanta y se dirige al salón para no despertar a la mujer.

—Buenas noches, dime Robles ¿Qué sucede? –dice en un susurro.

—Buenas noches, inspector. Lamento llamar tan tarde, pero ha aparecido un cadáver colgado del puente de Santa Catalina –responde Robles.

—Colgado del puente –repite— ¿Se sabe si tiene signos de violencia?

—No, jefe. Todo apunta a que se trata de un suicidio, pero es muy pronto aún para afirmarlo –argumenta con cautela el policía.

Robles sabe muy bien que al inspector Ponce no le gusta dar nada por sentado hasta que todas las piezas del puzle están perfectamente encajadas. Si no quiere que le deje fuera del caso, debe de andar con cuidado en cada una de las frases y de las hipótesis que formula. Para Ponce todo policía debe ser riguroso, incluso considerándose a sí mismo sospechoso hasta que las pruebas apunten a un verdadero culpable. Una de sus frases preferidas es: "los hechos nunca hablan por sí solos, somos nosotros quienes les ponemos voz"

—Acabo de llegar a la zona alertado por la llamada de alarma de una mujer. Vivo cerca de aquí, me pilla muy cerca de casa –continúa informando el agente.

—Pues me avisas tarde, Robles, muy tarde –replica Ponce de mal humor.

—Lo lamento inspector.

—No me vengas con lamentos. Me pongo un pantalón y una camiseta y, en cinco minutos, salgo para allí. Que nadie toque nada. ¿Me has oído, Robles?

—Por supuesto inspector.

Cuando el inspector Ponce llega al puente ya hay un puñado de curiosos y un buen número de policías. Nada le pone de peor humor que ser el último en enterarse de un suceso que ocurre en su ciudad.

—¿Ha llegado ya la forense y los de la científica? –pregunta Ponce.

—Aún no, jefe.

—Avísame en cuanto les veas llegar. ¿Me has oído, Robles? En cuanto les veas llegar, ni antes ni después.

—Sí, señor –responde Robles con tono militar cuando considera que Ponce está lo suficientemente lejos como para que no pueda oírle.

El inspector de policía llega al lugar de los hechos a las tres y veintinueve de la madrugada, tan solo quince minutos después de recibir la llamada de su ayudante.

Ponce analiza desde lo alto del puente el cuerpo que sigue suspendido en el aire, colgado de una cuerda que lo sujeta por el cuello. Según le han informado, se trata de un hombre de raza blanca. Delgado y de escasa altura. El pelo es de color castaño claro y los ojos azules. Viste un traje gris, camisa azul cielo y corbata a rayas. Los zapatos son de piel, de color negro y están adornados con una hebilla plateada en el lateral. En los puños de la camisa lleva unos gemelos con las iniciales L.S.

Raúl Ponce saca su libreta y comienza a anotar cada uno de los detalles que le parecen importantes, los que se ven a simple vista y los que nadie, salvo él, es capaz de percibir.

—Inspector, la forense ya está aquí –avisa obediente Robles.
—Gracias. Voy ahora mismo.

El policía se sube el cuello del abrigo. En San Sebastián aún hace mucho frío en el mes de marzo. El aire gélido de la madrugada casi le corta la respiración.

—Buenas noches, Paula. Gracias por venir tan rápido. Todavía tengo que inspeccionar la zona e interrogar a la testigo que ha descubierto el cadáver.

—Buenas noches, inspector Ponce. Menuda nochecita de perros que hace hoy —responde ella sin demostrar que, hace apenas un cuarto de hora, dormía con él en la cama –Diles a tus chicos que se mantengan alejados del perímetro. No quiero que nadie altere la escena.

Ninguno de los dos cree oportuno hacer pública su relación. Prefieren no demostrar sentimientos. Creen que eso les haría más vulnerables. A ambos les gusta reflejar que son lobos solitarios, dedicados en exclusiva a su trabajo, algo hurraños y poco sociables.

Los dos están de acuerdo en que esa máscara los protege de un trabajo tan duro como el que realizan.

A unos metros de ellos, apoyada en la barandilla del puente, una mujer rubia y extremadamente delgada fuma sin parar unos cigarrillos de sabor mentolado. Se trata de la mujer que ha descubierto el cadáver. Ponce se acerca a ella para hacerle algunas preguntas.

—Buenas noches, soy el Inspector de policía Raúl Ponce –se presenta —Soy el encargado de llevar a cabo la investigación sobre los hechos que rodean esta muerte.

—Buenas noches, inspector. Aún estoy conmocionada.

—Voy a hacerle algunas preguntas. Responda de la manera más sincera posible.

—Por supuesto inspector –contesta ella algo recelosa ante la insinuación de que sus respuestas pudieran resultar falsas.

—Lo digo porque, a veces, el afán de los testigos por ayudar a la policía falsea sus declaraciones. De una manera no intencionada, por supuesto –aclara el inspector –Vamos a ver, creo que usted fue la que, al observar la existencia de un hombre colgando del puente, llamó a la policía, ¿me equivoco?

—No, inspector. En efecto así fue. Vengo de una fiesta y de camino a casa he visto algo raro allá abajo –dice la mujer señalando el lugar en el que se encuentra el cuerpo. —Al asomarme, me he dado cuenta de que esa sombra que se veía era un hombre que colgaba de los andamios que sujetan la estructura del puente. Ya sabe que las pasarelas quedaron muy dañadas por la fuerza con que azotó el mar el último temporal. Y ver ese hombre ahí, suspendido en el aire... Aún me tiemblan las piernas –responde ella con apenas un hilo de voz.

—Cuando usted llegó ¿el cuerpo estaba en la misma posición que lo vemos ahora? –interroga a la mujer que enciende de nuevo un cigarrillo.

—Sí, ya le digo que vi cómo una sombra se balanceaba en el andamio, como un péndulo. Igual que se ve ahora. ¡Dios mío! ¡Es una imagen horrible!

—consigue decir la testigo mientras se tapa la cara con las manos.

—¿Vio usted algo raro? Alguien corriendo por los alrededores, alguna otra persona por las cercanías, no sé, algo que recuerde y que le haya podido llamar la atención.

—¿Otra persona? No, no vi nada extraño. A estas horas todo está muy solitario –contesta ella recomponiéndose al instante alertada por esta indagación— ¿Por qué me consulta sobre eso? ¿Cree usted que no se trata de un suicidio?

—Aún no sabemos nada, señora. Pero en este trabajo no se puede descartar nunca ninguna hipótesis.

—Pobre hombre –dice ella en voz baja, como sumida en sus propios pensamientos.

—Bueno, de momento esto es todo. Por favor, deje sus datos a mi compañero. Su nombre, apellidos, número de teléfono y dirección. Tal vez tengamos que volver a llamarle para hablar con usted en comisaría. Si recuerda algo, cualquier cosa, por insignificante que le parezca, haga el favor de llamar y preguntar por mí. Esta es mi tarjeta de visita. Ahora puede irse a casa. Gracias por su colaboración.

—De nada inspector, estoy a su disposición para cualquier cosa en la que pueda ayudar –se despide la testigo dando otra calada al cigarrillo.

Resumen capítulo uno

El inspector Ponce recibe una llamada mientras está durmiendo. El agente Robles le informa de que ha aparecido un hombre colgado en el puente de Santa Catalina. El inspector, la policía científica y la forense analizan el cuerpo. Todo apunta a que se trata de un suicidio. Raúl Ponce interroga a la mujer que ha llamado por teléfono a la policía para avisar de la existencia de un cadáver. El cuerpo estaba colgando de la estructura que sujeta el puente que estaba dañado por el último temporal. No parece haber ningún testigo que haya visto nada fuera de lo normal.

Chapter one summary

Inspector Ponce receives a phone call while he's sleeping. Agent Robles informs him that a man has appeared hanged on Santa Catalina Bridge. The inspector, the scientific police and the coroner analyze the body. Everything indicates that it has been a suicide. Raúl Ponce interrogates the woman who called the police to notify about the existence of the corpse. The body was hanging from the structure that holds on the bridge which was damaged due to the last storm. No witness seems to have seen anything unusual.

Capítulo dos

Por la mañana, la noticia de la aparición de un hombre colgando del andamio del puente de Santa Catalina aparece en la portada de todos los periódicos digitales. Los teléfonos de la comisaría no paran de sonar. Madres que preguntan por sus hijos que aún no han vuelto a casa tras una noche de juerga, esposas preocupadas por maridos que están de viaje pero no contestan a las llamadas de teléfono. Todo el mundo quiere saber la identidad del fallecido, unos para poder llorarle una vez confirmada la fatal noticia y otros para respirar aliviados por no ser uno de los suyos.

El inspector Ponce junta a todo el equipo en su despacho. Quiere mantener una reunión de urgencia. Es necesario poner en común la información que tienen hasta el momento y convocar una rueda de prensa. Los periodistas comienzan a hacer especulaciones sobre el caso y la población empieza a alarmarse. Ponce pone al día a sus ayudantes acerca de las últimas novedades. El cadáver ha sido identificado como Luis Solís, un empresario muy conocido en la zona. El señor Solís era dueño de una fábrica de materiales para la construcción fundada por su abuelo en el año mil novecientos veinte. Por suerte, la empresa pudo reabrirse tras la Guerra Civil, pero con la crisis actual no habían corrido la misma suerte, en la actualidad la fábrica estaba al borde de la quiebra. Las deudas contraídas durante los últimos años eran de mucho importe. Además, todos en la ciudad sabían que Luis tampoco estaba pasando por un buen momento personal. Hacía solo dos semanas que su mujer se había presentado en el juzgado para interponer una demanda de divorcio. El perfil psicológico del hombre era el de una persona desesperada y con demasiados problemas que afrontar.

—Parece que la teoría del suicidio se confirma – aventura a decir la sargento de la unidad, sin percatarse de la mirada cortante de Ponce ante una afirmación tan temprana.

—Supongo Sargento que esa afirmación es debida a la investigación que ha llevado a cabo con familia, empleados, socio, amigos y conocidos del finado. Y que ahora tan amablemente nos va a explicar a todos los aquí presentes –ironiza Ponce.

—Bueno, inspector, yo…

—¿Me quiere decir que aún no ha realizado ninguna pesquisa sargento? –pregunta complacido él.

—En principio todas las evidencias apuntan a que el hombre estaba desesperado –insiste la sargento sin saber cómo arreglar el enfado de su jefe. –Tenía problemas económicos y familiares, es un caso bastante claro.

—Entonces sargento explique a sus compañeros por qué Luis Solís llevaba más de tres mil euros en la cartera. ¿No le parece una cifra un tanto excesiva para alguien que piensa acabar con su vida? ¿Cree usted que tal vez fuera a sobornar a San Pedro al llegar al cielo para que le abriera las puertas a pesar de ser un suicida?

—No lo sé, inspector. Tal vez tuviera otros planes y cambió de opinión a última hora –responde la sargento a la defensiva.

—Claro, claro. Es decir, Luis Solís dudó entre ir a comer a un restaurante cinco estrellas Michelín o colgarse de un puente. Es una duda que a cualquiera nos asalta todos los días ¿no es así, chicos? En un bolsillo lleva los tres mil euros y en el otro una soga para ahorcarse, y a lo largo del paseo decide si hacer una cosa u otra –muy sagaz sargento.

—Bueno, el caso es que ese dinero tampoco significa que no se quitara la vida –argumenta la policía, sin dejar de meterse cada vez en un lío mayor.

—En efecto, yo no descarto ninguna posibilidad, ni esa ni ninguna otra. Creía que había aprendido algo a lo largo de estos años, lamento comprobar que no ha sido así.

Tras las palabras de Ponce todos guardan silencio. Es mejor no contrariar más al inspector. Tan solo Robles parece tener la suficiente valentía como para continuar hablando.

—También llama la atención su ropa. El hombre iba perfectamente vestido y trajeado. Si bien es cierto que muchos suicidas preparan ese momento con delicada exquisitez, el perfil del empresario no parece el de alguien con antecedentes psiquiátricos como para preparar ese momento con tanto cuidado. Los zapatos recién lustrados, corbata, gemelos… —continúa explicando Robles.

—En la autopsia se ha determinado que la hora de la muerte fue en torno a las once y veinte de la noche. Da la impresión de ser una hora algo temprana como para que nadie viera el cuerpo antes que la testigo que llamó a la policía. Transcurren casi cuatro horas entre la muerte y la llamada. Resulta extraño que nadie se fijara en que había un hombre colgado del puente en ese intervalo de tiempo –prosigue Raúl Ponce con la exposición de los hechos.

—Aunque esto tampoco es determinante –apunta Robles.

—En efecto, tampoco es determinante –confirma el inspector –Debemos interrogar al círculo más cercano de Luis Solís. Uno de vosotros que se acerque a hablar con los empleados de la fábrica, a ver qué averigua. Otros dos id a las inmediaciones del puente y preguntad a los vecinos si alguien oyó o vio algo fuera de lo normal. Averiguad a quiénes debía dinero y pedid un listado de las llamadas realizadas en los últimos meses, desde su móvil y desde el teléfono de su casa. También del teléfono de su esposa. Robles y yo iremos a interrogar a su mujer y a su socio.

—Muy bien jefe —responden los oficiales mientras comienzan a levantarse de las sillas.

—Os quiero ver a todos aquí de nuevo a las cuatro en punto de la tarde —les grita desde la puerta.

Resumen capítulo dos

Por la mañana, el inspector Ponce reúne en la comisaría a todo su equipo. La noticia de la aparición de un cuerpo que estaba colgado en el puente de Santa Catalina sale en todos los periódicos digitales. El hombre ha sido identificado, se trata de Luis Solís, un importante empresario de la ciudad. Al parecer la fábrica estaba en bancarrota y atravesaban muchos problemas económicos. Además, la mujer del señor Solís le había pedido el divorcio. Todos en comisaría ven que es un caso claro de suicidio, pero Solís llevaba tres mil euros en el bolsillo que hacen sospechar al inspector Ponce. No es lógico que alguien que piensa en suicidarse lleve tanto dinero encima. También le llama la atención que fuera vestido con traje, corbata, gemelos, zapatos recién lustrados y que la hora de la muerte, según la forense, fuera casi cuatro horas antes del aviso a la policía. Lo normal hubiera sido que alguna persona lo hubiera visto en ese intervalo de tiempo.

Chapter two summary

In the morning, Inspector Ponce gathers all his team at the police station. The news of the appearance of a body that was hanging on Santa Catalina Bridge appears in all digital newspapers. The man has been identified. He is Luis Solís, an important businessman in the city. Apparently the factory was in bankruptcy and they were going through several economic problems. Moreover, Mr. Solís's wife had asked him for the divorce. Everyone in the police station sees that it is a clear case of suicide, but Solís had three thousand euros in his pocket, what makes Inspector Ponce suspect. It is not logical that someone who is thinking of committing suicide should carry so much money. It also catches his attention the fact that he was dressed in a suit, tie, cufflinks, recently polished shoes and that the hour of death, according to the coroner, was almost four hours before the notification to the police. It would have been normal that someone had seen him in that time frame.

Capítulo tres

Robles conduce su Ford Mondeo rojo hacia la casa de Luis Solís en el Barrio de Ondarreta. A su lado Raúl Ponce parece estar sumergido en sus cavilaciones. Hacen todo el viaje en silencio. En unos minutos se empiezan a ver los chalets construidos cerca de la playa. El día ha amanecido soleado y el mar se ve de un azul intenso. A pesar de todo, el frío sigue siendo penetrante. Gracias a la calefacción del coche el viaje resulta más agradable.

Una valla protege la intimidad del chalet de los Solís. La casa de dos plantas está rodeada por un jardín muy cuidado. Los rosales han empezado a dar sus flores y el ambiente es muy acogedor. Los dos hombres aparcan el coche frente a la edificación y tocan el timbre que se encuentra en la puerta exterior. Una voz afónica, de alguien que probablemente lleva horas llorando, contesta.

—¿Quién llama?

—Buenos días, señora. Somos el agente Robles y el inspector Ponce, de la comisaría de Gros, no queremos molestarla, pero necesitamos hacerle algunas preguntas.

—Sí, claro –dice ella antes de pulsar el interruptor de la puerta que les da acceso al jardín.

En el umbral de la puerta, una mujer elegante, a pesar de presentar un aspecto algo desaliñado fruto del cansancio y de la tristeza, les hace un gesto para que se adentren en la vivienda.

—Buenos días, lamentamos mucho su pérdida –dice Robles tendiendo la mano a la mujer a modo de saludo.

—Gracias. Pasen al salón, por favor. Estoy sola, Ramón ha ido a la fábrica, está muy afectado por la muerte de su padre y no quería quedarse en casa. Todo le recuerda a él.

—¿Ramón? –pregunta Raúl Ponce dirigiendo una mirada retadora a su compañero –No sabía que ustedes tuvieran un hijo.

—¡Oh, sí! Bueno, realmente no es hijo de Luis, quiero decir que no es hijo biológico, aunque siempre lo trató como si lo fuera. Cuando yo le conocí Ramón tenía ya tres años.

De pronto la mujer rompe a llorar. Robles la acompaña hasta el sofá y le ayuda a sentarse. El agente se ofrece a ir a la cocina a por un vaso de agua. Como si alguien hubiera tocado una tecla mágica, la mujer se levanta de inmediato y se seca las lágrimas con un pañuelo de papel que tenía escondido en la manga de su chaqueta de cachemir.

—Discúlpenme, estoy siendo muy descortés con ustedes. ¿Desean tomar algo? ¿Agua, té, una cerveza, un refresco?
—No gracias, estamos bien –responde el inspector Ponce sin dejar que su acompañante abra la boca – Debo de hacerle unas preguntas, tal vez alguna de ellas le resulte incómoda, pero este trámite es indispensable.

—Sí, por supuesto, lo entiendo –dice ella volviendo a deshacerse en un llanto sin consuelo—¿Por qué hizo eso? ¿Por qué no buscó ayuda? ¿Por qué no me dijo cómo se sentía? ¿Cómo es posible que se quitara la vida?

—Tranquilícese –trata de calmarla Robles –Lo que ha sucedido no es culpa suya.

—¿Había notado algún comportamiento extraño en su marido en los últimos tiempos? –le interroga el inspector sin darle más tregua.

—Sí, estaba muy nervioso. Las cosas no iban bien en la fábrica. Él no me contaba mucho sobre sus negocios, pero sé que estaban atravesando una mala racha. Se pasaba horas al teléfono y a veces discutía de forma muy acalorada.

—¿Y sabe con quién discutía?

—No. Si intentaba averiguar algo, él siempre decía que eran cosas de trabajo.

—¿Solía llevar mucho dinero encima? Es decir, ¿tenía por costumbre salir de casa con grandes cantidades de dinero en los bolsillos? –continúa Ponce con el interrogatorio.

—Bueno, él es un hombre de negocios –la mujer vuelve a llorar –Lo siento, no me acostumbro a hablar de él en pasado –confiesa mientras se suena la nariz – Lo que quiero decir es que sí le gustaba llevar dinero en efectivo. Siempre invitaba a los conocidos que se encontraba en los bares, y odiaba las tarjetas de crédito, las había cancelado todas hacía años. Decía que le gustaba el olor del dinero, y que notar el bolsillo abultado por un buen fajo de billetes le hacía sentirse seguro. No fue sencillo trabajar con su padre en la fábrica y sacarla adelante. No hablaba mucho de su infancia, pero sé que no debió de ser nada fácil. Pasaron muchos apuros siendo niños.

—Comprendo –contesta Robles de manera afectuosa.

—¿Sabe si estaba recibiendo algún tipo de amenazas? –prosigue el inspector.

—¿Amenazas? No. No que yo sepa.

—¿Había recibido alguna visita en casa que no fuera habitual? ¿Algún amigo nuevo, por ejemplo?

—Pero, ¿por qué me hace estas preguntas? –dice ella a la vez que busca la sinceridad en los ojos de Robles.

—No se preocupe. Se trata del protocolo habitual en cualquier investigación de estas características – contesta él en tono amable.

—De acuerdo. No, no recuerdo a nadie extraño. Los amigos que vienen a casa son los que tenemos de toda la vida. Solemos hacer una cena un sábado al mes, y siempre con las mismas personas –recuerda ella.

—Muy bien. ¿Podría darle al agente Robles los nombres de esos amigos?

—Sí, sin problema. Se los anoto en un papel, si les parece bien.

—Estupendo. Tengo entendido que estaban en trámites de divorcio –prosigue el inspector.

—Sí, es cierto.

—¿Puedo preguntarle quién tomó la decisión de separarse?

—Fui yo –replica ella con tristeza –Las cosas no estaban bien entre nosotros. Todos los problemas de la empresa estaban afectando al matrimonio y, bueno, Ramón y él no estaban de acuerdo en algunos aspectos del negocio. Nosotros dos discutíamos mucho por eso. Para mí, mi hijo es lo más importante en la vida, por encima de mi marido y de cualquier otra cosa. Además Luis pasaba cada vez menos tiempo en casa. La relación ya estaba muy deteriorada. Pero mi cariño hacia él permanecía intacto.

—Entiendo, es algo muy usual –la consuela Robles.

La identidad de la persona que ha aparecido muerta en el puente se ha filtrado a la prensa. El nombre de Luis Solís ya aparece en todos los medios. El teléfono de la casa de María Sáenz de Jáuregui, su esposa, no para de sonar. Los policías deciden continuar el interrogatorio en otro momento. De todos modos, ya tienen la información necesaria para proseguir con el caso. Los dos hombres se despiden de la señora Solís y suben al Ford Mondeo.

—Vamos a la empresa. Quiero hablar con el socio y con ese hijo de Solís aparecido de la nada. ¿Cómo se nos ha podido pasar algo así? –se cuestiona a sí mismo.

—Desde luego, ese tal Ramón Solís, no constaba en nuestros ficheros. Resulta raro –reflexiona Robles.

—Sí, raro, pero imperdonable –sentencia Ponce.

En el camino hacia la fábrica, el inspector llama a comisaría para dar nuevas instrucciones. Solicita que le consigan toda la información sobre Ramón Solís Sáenz de Jaúregui y que comprueben si Luis Solís usaba tarjeta de crédito de alguna entidad bancaria, además de revisar sus cuentas y movimientos del último año.

La firma Sucesores de Solís era un gran edificio de cinco plantas ubicado en el Polígono Industrial Landeta, en el pueblo de Azpeitia. En los tres pisos superiores se encontraban las oficinas. Los despachos de Ramón, de Luis Solís, y del socio de este se hallaban en la primera altura. En la parte baja se podía ver el taller y el almacén.

Nada más aproximarse a la entrada, un hombre robusto se dirige hacia los dos policías. Se trata de Justo Balluerca, el socio de Luis Solís.

—Buenos días, les estaba esperando. Sus compañeros han estado hablando con mis empleados y me han avisado de su visita. Soy Justo Balluerca.

—Buenos días. Yo soy el inspector Ponce y este es el agente especial Robles, ambos estamos al frente de la investigación por la muerte de su socio.

—¿Quieren conocer la fábrica? Si les apetece, se la puedo enseñar –se ofrece Justo.

—Si no le importa, preferimos pasar a su despacho y hacerle un par de preguntas. Serán solo unos minutos –contesta Ponce.

—Por supuesto. Síganme.

Los tres hombres suben los estrechos peldaños de la escalera metálica que conduce a la planta superior. Allí tres amplios despachos presiden la estancia. Todos los espacios son individuales y están discretamente amueblados, sin ningún tipo de lujo.

—¿Desean tomar algo?

—No, gracias. Es usted muy amable –se adelanta Robles ante una posible contestación menos formal y agradable de su jefe.

—¿Qué tipo de relación tenía con su socio? –comienza a interrogar el inspector sin ningún preámbulo.

—¿Cómo dice?

—Me refiero a si su relación era puramente profesional ¿se consideraban amigos? No sé, ¿cómo calificaría su relación con Luis Solís? –insiste Ponce.

—Hace años que somos socios. Solíamos tomar algo por ahí juntos. Alguna vez he ido a cenar a su casa, cosas así.

—Al parecer la situación de la empresa no es muy buena, ¿es eso cierto? –apunta Robles.

—Sí, estamos pasando muchos apuros económicos. Debemos mucho dinero a los proveedores y casi no encontramos quien nos suministre material. Tenemos previsto vender la fábrica a un industrial alemán. La próxima semana íbamos a mantener una entrevista con él, aquí, en esta misma oficina.

—Ya. Y, ¿su socio estaba de acuerdo en realizar esa venta? Esta fábrica ha pertenecido durante muchos años a la familia Solís. Su abuelo, su padre, él, su hijo, todos han trabajado aquí. Imagino que deshacerse de ella supondría un gran mazazo para él –cuestiona el policía.

—Al principio tanto él como Ramón se mostraban reacios, pero después Luis se dio cuenta de que en realidad esta era la única posibilidad de salvar la empresa o, al menos, el nombre. Salvaguardar el nombre era una de las condiciones indispensables para llevar a término la transacción.

—¿Puede darnos los datos del comprador? No estaría de más hacerle una llamada –opina Robles.

—Les tengo que decir que el acuerdo se ha llevado en secreto, ninguno de los empleados tiene conocimiento de la venta.

—De acuerdo –admite el inspector –procuraremos que este dato no se sepa. Por cierto, ¿no está Ramón

Solís en la fábrica? Su madre nos dijo que había venido esta mañana.

—Sí, vino esta mañana temprano. Ha salido de la fábrica hará una media hora escasa. Estaba muy afectado, ha dicho que tenía cosas que hacer. Supongo que tendrá que ir al notario, preparar el funeral, esas cosas, ustedes ya me entienden. Pero, tengo que aclararles que debe de haber algún error, él no se llama Ramón Solís, lleva el apellido de su padre, Ramón Valle.

Ambos policías cruzan sus miradas. Este es el motivo por el que se les ha pasado por alto la existencia del hijo de Luis Solís, no lleva su apellido sino que conserva el de su padre biológico.

—Hay otra cosa que casi nadie conoce y que creo que ustedes sí deben de saber. Luis tenía problemas con el juego. Gastaba mucho dinero en partidas de póker y le gustaba ir al hipódromo para apostar. Intentó en un par de ocasiones hacer terapia, pero no dio resultado.

—¿María Sáenz de Jáuregui estaba al tanto de este problema de ludopatía de su marido?

—Sí, y Ramón también. De hecho fueron ellos los que le llevaron a la terapia.

—Muchas gracias, señor Balluerca. Su información nos es muy valiosa –se despide el inspector tendiéndole la mano para dirigir después sus pasos hacia las escaleras —Vamos, Ponce. Aún tenemos mucho trabajo por delante –dice dirigiéndose a su compañero.

Ponce y Robles vuelven en el coche hacia San Sebastián en silencio. Los dos tratan de poner en orden la información que han recibido esa mañana. Una vez más, finalmente es el agente de menor rango quien rompe el mutismo.

—Jefe, ¿alguien dudaría de que se trata de un caso de suicidio? Deudas, un matrimonio roto, un hijo de otro hombre, ludopatía, una empresa familiar centenaria que se va al traste cuando tú la diriges. Nadie podría aguantar tanta presión.

—Y aún no hemos hablado con el hijo. Seguro que Solís tiene todavía más motivos por los que querer quitarse de en medio –asevera Ponce.

—En contra de esta teoría solo tenemos un fajo de billetes y un hombre trajeado, con los zapatos bien limpios.

—Por el momento –apostilla el inspector.

Resumen capítulo tres

Ponce y Robles van a visitar la casa de Solís para entrevistarse con la mujer del empresario. Allí ambos descubren la existencia de un hijo, Ramón. A los policías les extraña que nadie en comisaría les hubiera advertido de que Luis Solís tenía un hijo. La mujer les explica que últimamente su marido estaba muy nervioso por la situación de la fábrica y que a veces le oía discutir por teléfono. María Sáenz de Jáuregui cuenta que había pedido el divorcio porque la convivencia se había vuelto insoportable y, aunque se tenían mucho cariño, el matrimonio ya estaba roto. Ramón no estaba muy de acuerdo con algunas de las decisiones que Luis Solís había tomado sobre el negocio, por eso tenían fuertes discusiones. María siempre se posicionaba a favor de su hijo, para ella Ramón es lo más importante en la vida, por encima incluso de su marido. Más tarde, los dos policías van a la fábrica a hacer algunas preguntas al socio de Solís y a Ramón. Al llegar a la fábrica les recibe Justo Balluerca, el socio de Solís. Este les descubre que iban a vender la empresa, aunque Luis y Ramón no estaban muy de acuerdo en ello. Además, también averiguan que Luis Solís tenía problemas con el juego y había perdido mucho dinero en partidas de póker y en las carreras de caballos. Justo Balluerca informa a los policías de que Ramón no se encuentra en la fábrica y les aclara que no es hijo biológico de Solís, ni siquiera lleva ese apellido, se llama Ramón Valle. Este es el motivo por el que en comisaría no constaba como hijo del fallecido.

Chapter three summary

Ponce and Robles are going to visit Solís's house to interview the businessman's wife. There both of them discover the existence of a son, Ramón. The police officers are surprised by the fact that nobody in the police station had warned them that Luis Solís had a son. The woman explains them that lately her husband was very nervous about the situation of the factory and, sometimes, she heard him arguing on the phone. María Saénz de Jáuregui tells that she had asked for the divorce because the coexistence had become unbearable and, although they had a lot of affection to each other, the marriage was already broken. Ramón didn't agree with some of the decisions that Luis Solís had taken on the business, reason why they had strong arguments. María always stood in favor of her son, because Ramón is the most important thing in her life, even more than her husband. Later, the two policemen go to the factory to ask some questions to Solís's partner and to Ramón. Upon arriving at the factory, Justo Balluerca, the partner of Solís, receives them. This one discovers to them that they were going to sell the company, although Luis and Ramón didn't agree with that. In addition, they also find out that Luis Solís had problems with the game and he had lost a big amount of money in poker games and in horse races. Justo Balluerca informs the policemen about the fact that Ramón is not in the factory and he clarifies them that he is not the biological son of Solís, in fact he does not have the same surname, he is Ramón Valle. This is the reason why at the police station he did not appear as the son of the deceased.

Capítulo cuatro

Tras comer un menú del día en el Bar de Charo, los dos policías se dirigen a comisaría para preparar la reunión que han convocado a las cuatro de la tarde.

Antes de comenzar la reunión, suena el móvil del inspector, es una llamada de Paula, la forense.

—Hola, Paula.

—Raúl, hay una novedad importante en el caso.

—Cuéntame, ¿de qué se trata?

—Luis Solís no murió estrangulado, murió ahogado.

—¿Qué quieres decir, Paula?

—Que tiene el cuello roto, se lo hizo como consecuencia del fuerte impacto al precipitarse al vacío con la soga rodeándole el cuello, pero la verdadera causa de la muerte es el ahogamiento por inmersión. Tiene los pulmones encharcados. Tragó una gran cantidad de agua.

—Entiendo. Gracias, Paula.

—Raúl, ¿te espero a cenar esta noche? –dice ella antes de colgar el teléfono.

—Sí –dice Ponce por toda respuesta.

Todo el equipo está congregado en el despacho del inspector. Algunos aún están recopilando detalles o sacando fotocopias para entregar a sus compañeros. Robles y Ponce ponen al resto del grupo al día de sus averiguaciones. Al parecer, ninguno de los empleados entrevistados ha arrojado algún dato nuevo al caso, y los listados de las llamadas aún no han sido facilitados por las compañías telefónicas. Solo hay una noticia que les llama la atención, Luis Solís sí tenía una tarjeta de crédito y, por lo visto, sacaba dinero de un cajero con regularidad, el día cinco de cada mes, la cantidad de tres mil euros.

—Sargento, necesito la tabla de mareas de ayer. Quiero saber cómo estaba el mar y cualquier detalle climatológico a la hora de la muerte de Solís. Habla con el instituto nacional de meteorología, con salvamento marítimo, con los guardacostas o con quien sea necesario, pero lo quiero ¡ya!

—Ahora mismo, jefe.

—Otra cosa, averigua también si Solís tenía deudas de juego.

—De acuerdo. En cuanto reúna toda la información te la remito —contesta la sargento deseosa de recuperar la confianza del inspector.

—Robles, tenemos que hablar con el hijo de María Sáenz de Jaúregui. Localízalo y dile que venga a comisaría. Mejor ahora que luego, ¿entendido?

—Me pongo con ello.

La maquinaría de la comisaría trabaja a pleno rendimiento. Todos los agentes disponibles están concentrados en resolver el caso del cadáver del puente, como ya lo habían bautizado los diarios. Ponce está recibiendo presiones de sus superiores para ofrecer la rueda de prensa y acallar los rumores infundados que se están publicando, sin contar con los bulos que muchos de los usuarios de Twitter y Facebook están extendiendo.

—Jefe, Ramón Solís, perdón, Ramón Valle estará en la comisaría en una media hora. Le he localizado y viene hacia aquí –informa Robles.

—Perfecto. Pasa y cierra la puerta, me gustaría comentar contigo un par de detalles.

En ese momento, la sargento aparece con la tabla de mareas del día anterior. En las horas previas y hasta que fue encontrado el cadáver de Luis Solís, la marea era baja. La climatología tampoco arroja ningún dato especial. El viento a esas horas era suave y no provocó ningún tipo de marejada. Cuando por fin los dos policías se quedan a solas, Ponce comienza a exponer sus sospechas sobre la mesa.

—Robles, ¿te diste cuenta de que el cuerpo solo estaba mojado hasta la mitad? ¿Y de que la parte húmeda era la superior?

—Sí, jefe. Este dato me llamó bastante la atención. Lo normal, si el agua del río hubiera cubierto al hombre por entero, sería que todo el cuerpo estuviera mojado, y en su defecto, si la marea estuviera bajando, podría empapar parte del cuerpo, pero de mojar algo siempre sería la parte inferior.

—En efecto. Además la autopsia muestra que tenía encharcados los pulmones. Esto indica que tragó agua. Pero no fue la del río, porque a esa hora la marea estaba baja y era imposible que el caudal estuviera lo suficientemente alto como para cubrir a Solís hasta la cabeza.

—Entonces… —dice Robles invitando a que el inspector continúe su relato.

—Entonces es muy posible que Luis Solís no muriera en el puente, y mucho menos ahorcado. Además, la soga rompió su cuello, esto le debió de provocar la muerte instantánea y por lo tanto sería imposible que respirase y le entrara agua en los pulmones, al menos no en esa cantidad.

—¿Quiere decir que fue asesinado en otro lugar y luego llevado hasta allí para que pareciera un suicidio? –pregunta de forma retórica Robles.

—Estoy esperando a que la policía científica me llame para informarme del análisis del agua.

Podremos cerciorarnos de si se trata de la del río Urumea o de otro lugar.

—De todas formas, hace falta mucha fuerza para trasladar un cuerpo hasta ese lugar y empujarlo después al vacío –apunta el agente –Eso, en un principio, descartaría a su mujer de la lista de sospechosos.

—No tan rápido, Robles. La estructura del andamio, tal y como está colocada, y la rotura del puente con motivo del temporal, abren una vía bastante fácil para realizar esa maniobra. Claro que llevar el cadáver de un hombre hasta allí, no parece una tarea sencilla – reflexiona en voz alta.

Resumen capítulo cuatro

Paula, la forense con la que Ponce mantiene una relación en secreto, llama al inspector. En la autopsia han descubierto que Luis Solís no murió ahorcado con la cuerda que tenía atada al cuello y con la que estaba suspendido en el aire. El empresario tenía los pulmones encharcados de agua. Luis Solís murió ahogado. El inspector Ponce también descubre que Solís sacaba tres mil euros todos los meses del cajero automático, sin embargo su mujer les había dicho que no usaba tarjetas de crédito. Tal vez sacaba el dinero sin que ella lo supiera. Citan a Ramón Valle para que vaya a la comisaría. El inspector Ponce ha pedido la tabla de mareas para ver cómo estaba el mar en el momento del fallecimiento de Luis Solís. La marea estaba baja, por tanto el hombre no pudo morir ahogado ya que el agua no llegó a cubrirlo por completo. Ambos policías se han dado cuenta de que el cuerpo estaba mojado de cintura para arriba, sin embargo de cintura para abajo la ropa estaba seca. Ponce y Robles sospechan que Luis Solís pudo ser asesinado, y que por la hora de la muerte y por la humedad de la ropa, quizás pudieron matarlo en otra parte y luego colgarlo del puente para que pareciera un suicidio. Ponce encarga que analicen el agua de los pulmones del muerto y así comprobar si se trata de agua del río o de otro lugar.

Chapter four summary

Paula, the coroner with whom Ponce has a secret relationship, calls the inspector. In the autopsy they have discovered that Luis Solís did not die hanged with the rope he had around his neck and with which he was suspended in the air. The businessman had his lungs soaked with water. Luis Solís died drowned. Inspector Ponce also discovers that Solís used to take out three thousand euros every month from the cash machine, however, his wife told them that he did not use credit cards. Maybe he took out the money without her knowing. They make an appointment with Ramón Valle to go to the police station. Inspector Ponce has asked for the tide table to see how the sea was at the time of Luis Solís's death. The tide was low, so the man could not die drowned because the water did not cover him completely. Both cops realized that the body was wet from waist up, nonetheless, from waist down the clothes were dry. Ponce and Robles suspect that Luis Solís could have been murdered, and that by the time of death and the wetness of his clothes, they might have killed him elsewhere and then hang him from the bridge to make it look like a suicide. Ponce orders an analysis of the water inside the dead man's lungs and, in this way, check if the water comes from the river or from another place.

Capítulo cinco

Unos golpecitos en el cristal de la puerta del despacho de Raúl Ponce hacen que ambos hombres salgan de su ensimismamiento. La sargento les avisa de que Ramón Valle está en la comisaría.

—Gracias. Hazle pasar –le indica a la sargento mientras recoge todos los papeles sobre la investigación que están esparcidos sobre la mesa.

—Buenos días, soy Ramón Valle, el hijo de María Sáenz de Jaúregui.

—Buenos días. Somos el agente especial Arturo Robles y el inspector jefe Raúl Ponce. Tome asiento, por favor.

Cuando todos se han sentado. Ponce le hace una señal a su compañero para que sea él quien comience con el interrogatorio.

—¿Quiere tomar algo?

—No, gracias. Estoy bien.

—De acuerdo. En primer lugar queremos darle nuestro más sentido pésame por tan terrible pérdida.

—Muchas gracias. Se lo agradezco, de verdad. Está siendo muy duro.

—Lo comprendo. Solo vamos a hacerle algunas preguntas de rutina. No nos gustaría entretenerle mucho tiempo. Entendemos que tendrá papeleo que arreglar y que querrá estar al lado de su madre en estos duros momentos. Trataremos de ser breves. Veamos, ¿cuándo vio usted por última vez al señor Solís? –dice Robles algo incómodo. Al policía se le hace complicado identificar a Ramón Valle como hijo de Solís, por eso formula la pregunta sin mencionar la palabra padre.

—Ayer mismo estuvimos comiendo juntos. Hay un restaurante en el polígono, cerca de la fábrica, y solemos ir ahí con frecuencia. Fuimos con Justo Balluerca, el socio de mi padre. Teníamos temas que resolver sobre la venta de la empresa. Después él se levantó y dijo que tenía algunos asuntos que tratar en San Sebastián y se fue.

—Así que fueron a comer los tres. ¿Y hasta qué hora estuvieron en el restaurante?

—Aproximadamente hasta las cinco de la tarde –contesta Ramón Valle algo dubitativo.

—¿Sabe de alguien que pudiera odiar a su padre o tener algo contra él? –prosigue el agente.

—Hombre, como comprenderá, al ser un hombre de negocios y poderoso, uno siempre se crea enemigos. No a todo el mundo le gusta cómo uno hace las cosas. No sé si me entiende. Los trabajadores se creen con más derechos de los que les corresponden y a la competencia le gusta ver cómo te hundes en el barro.

—¿Pero recuerda algún nombre de alguien que le tuviera especial inquina? –insiste Robles.

—No, solo las cosas habituales del mundo de los negocios.

—¿Cómo se llevaba con su padre? ¿Diría usted que tenían una relación cordial? –interviene por primera vez Ponce.

—Siempre nos hemos llevado bien. Discutíamos, como cualquier padre con su hijo. Pero nunca nada importante.

—¿Nunca discutieron con motivo de la venta de la fábrica, por ejemplo? –insiste el inspector.

—Bueno, yo no estaba muy de acuerdo con la venta. Es la empresa familiar y creo que debemos luchar por ella hasta el final.

—¿Qué significa para usted "luchar hasta el final"? –Ponce realiza esta pregunta mirando directamente a los ojos del hombre.

—Pues eso, luchar por lo que ha pertenecido a la familia durante décadas. La familia es lo más importante en la vida, ¿entiende? Por cierto, se está haciendo tarde, si no les importa me gustaría poder ir a casa a consolar a mi madre.

—Por supuesto señor Valle. No queremos importunarle. Le agradecemos mucho su disposición a colaborar –replica Ponce con apostada inocencia – Por cierto, ¿podría decirnos dónde se encontraba usted ayer a eso de las diez de la noche?

—En casa, con mi madre. Pueden preguntarle. Si necesitan algo más, saben dónde encontrarme.

—Sin duda, lo sabemos. Muchas gracias –se despide el inspector.

Los dos policías se miran y en su interior se hacen las mismas preguntas. ¿Por qué Justo Balluerca no comentó que habían estado los tres comiendo en un restaurante cercano el mismo día de la muerte? ¿Por qué María Sáenz de Jáuregui no contó nada acerca del problema que tenía su marido con el juego? Y ¿por qué su hijo tampoco lo menciona? ¿Las cantidades que Luis Solís sacaba con la tarjeta de crédito, serían para pagar las deudas de sus partidas de póker? ¿Le habrían amenazado por ello?

La jornada había sido larga y ambos hombres se encontraban cansados. Llevaban desde muy temprano en la calle, haciendo preguntas y dándole vueltas a la cabeza para arrojar algo de luz a este caso. Ahora los pensamientos ya no fluían con la misma rapidez que hacía unas horas. Sería mejor ir a casa a descansar y proseguir mañana con la investigación.

—Robles, creo que ya va siendo hora de que nos tomemos un respiro.

—Sí, jefe. Ya no puedo pensar con claridad y este dolor de cabeza y de espalda me está matando.

—Mañana nos vemos a las ocho de la mañana en mi despacho –apunta Ponce.

—Aquí estaré. Hasta mañana.

—Hasta mañana.

Camino de casa Ponce vuelve a pasar por el puente de Santa Catalina. Decide acercarse y volver a estar en la escena de lo que ya está empezando a considerar un crimen. Intenta recrear la escena simulando ser alguien que trae a un hombre muerto hasta el puente para después, atarle una soga al cuello y deshacerse de él tirándolo al vacío. Mañana sería la rueda de prensa y aún no sabía muy bien qué es lo que iba a contar. Si los de la científica le daban algún dato, como él suponía, tendría que comenzar a tratar el asunto como un caso de asesinato.

Resumen capítulo cinco

Ramón Valle, el hijo de María Sáenz de Jáuregui acude a la comisaría. Allí le interrogan el inspector Ponce y el agente Robles. Ramón reconoce que discutía con su padre con motivo de la venta de la fábrica. Para Ramón la familia es muy importante y, por eso, considera que hay que luchar por lo que se ha conseguido, como la empresa familiar, hasta las últimas consecuencias. Los policías se sorprenden al saber que el mismo día de la muerte de Luis Solís, este comió con su hijo y con su socio, no entienden por qué el socio no les habló de ello. Tampoco comprenden que la mujer de Solís no hablara de la adicción de este al juego. Todos parecen tener guardados secretos que no quieren que los otros conozcan. La jornada ha sido larga y los dos policías deciden irse a casa a descansar. Antes, Ponce vuelve a pasar por el puente de Santa Catalina y repasa todos los detalles. La estructura puesta en el puente, por encontrarse roto como consecuencia del temporal, facilitaría bastante la maniobra de empujar un cuerpo y que quedara suspendido en el aire por una cuerda.

Chapter five summary

Ramón Valle, María Sáenz de Jáuregui's son, goes to the police station. There Inspector Ponce and Agent Robles interrogate him. Ramón admits that he used to argue with his father over the sale of the factory. For Ramón his family is very important and, due to that, he considers that it is necessary to fight for what it has been achieved, like the family business, whatever the cost. The policemen were surprised when they knew that the same day Luis Solís died, this one had lunch with his son and his partner, and they do not understand the reason why the partner did not tell them about it. They neither understand that Solís's wife did not talk about his addiction to gambling. Everyone seems to have kept secrets they do not want others to know. The work day has been long and both police officers decide to go home to rest. Before that, Ponce crosses Santa Catalina Bridge again and goes over all the details. The structure placed on the bridge, broken as a consequence of the storm, would make the maneuver of pushing a body and being suspended in the air by a rope easier.

Capítulo seis

Al llegar a casa, el olor a espaguetis a la boloñesa le reconforta. Paula está en la cocina. Lleva un delantal con una caricatura de una policía apuntando a un ladrón con una sartén en lugar de con una pistola. Ponce se lo regaló las pasadas navidades, junto a un romántico viaje a París.

El informe de la autopsia se halla sobre la mesa del comedor. Tener las fotos de un hombre muerto en el mismo lugar en el que se va a servir la cena puede parecer un detalle bastante macabro, impropio de una velada en pareja. Sin embargo, para ellos, acostumbrados a ver imágenes en vivo mucho más escabrosas, comentar un caso de asesinato mientras cenan resulta una práctica habitual.

—Hola, cielo –saluda Ponce nada más entrar a la casa.

—Hola. Llegas justo a tiempo. El pan está en el horno y los espaguetis listos. ¿Cómo te ha ido el día? –pregunta ella.

Ponce no responde. Se acerca a Paula por la espalda y cogiéndole por la cintura le besa en el cuello. Ella se da la vuelta y corresponde a sus besos y a sus caricias con igual intensidad.

—Apaga el fuego del horno –le dice él entre abrazos.
—¿Me dices que apague el horno y tú vienes encendiendo fuegos? –ríe ella.
—La cena tendrá que esperar –ríe él también.
—No pareces muy cansado.
—Me queda un diez por ciento de batería, y pienso agotarla contigo –dice él con voz ronca antes de entrar en el dormitorio.

Los espaguetis se han quedado fríos y el pan antes recién horneado ahora está duro como un bate de béisbol. Paula coge un par de platos y sirve la pasta. Abre una botella de vino blanco y llena dos copas hasta la mitad. Los dos se sientan en el sofá con los platos sobre las rodillas.

—Te interesará saber lo que han dicho los de la policía científica sobre el agua.

—¿Están ya los informes y no me has dicho nada? –gruñe Ponce mientras deja el plato sobre la mesa para coger la carpeta que contiene la documentación del caso Solís.

—Me ha parecido que tenías más interés en otros asuntos –responde ella con un brillo especial en los ojos.

—Vamos, Paula, tenías que habérmelo dicho.

—Te conozco Raúl. Si te lo hubiera contado no hubiéramos tenido ni cama ni cena –contesta ella sin dejar de sonreír.

Ponce examina con atención los documentos. En efecto, los restos de agua hallados en los pulmones no son del río Urumea. Los análisis reflejan que se trata del agua corriente que proviene de la depuradora de agua y que abastece a la ciudad de San Sebastián.

Mientras él toma notas sobre el informe, Paula recoge la vajilla y la ropa que Raúl ha dejado desperdigada por la habitación. El pantalón del traje de Raúl está hecho un asco. Tendrá que llevarlo a la tintorería.

—Raúl, ¿dónde has estado? Tienes el bajo del pantalón completamente manchado. Parece óxido. Esto no se puede meter en la lavadora. Habrá que llevarlo a la tintorería.

—¿Óxido? Déjame ver. Claro, cómo no me he dado cuenta. Me he debido de manchar en el andamio que soporta la estructura del puente. A cualquiera que hubiera subido allí, le habría pasado lo mismo.

—Si no me equivoco, en las ropas de Luis Solís no se encontró ningún indicio de metal u óxido. Solo unas fibras de lana –recuerda ella.

—Así es. Mañana haré una nueva visita a María Sáenz de Jáuregui. Ahora vamos a dormir. Estoy agotado.

—Sí, vamos a acostarnos. Se ha hecho muy tarde –dice Paula dirigiéndose hacia el dormitorio.

Resumen capítulo seis

Al llegar a casa, Paula, la forense, está esperando a Raúl Ponce. Hacen el amor y después el inspector ve que hay un informe de la policía científica sobre la mesa. Los restos hallados en el interior de los pulmones de Luis Solís no se corresponden con el análisis del agua del río Urumea, pero sí que se trata de agua de la depuradora de la ciudad. Mientas Ponce lee el informe, Paula recoge toda la ropa que ha quedado tirada por el suelo. Descubre unas manchas de óxido en el bajo del pantalón del inspector. Los dos deducen que ese óxido tiene que ser del andamio colocado en el puente, y que cualquiera que hubiera estado allí tendría las mismas manchas, sin embargo, en la ropa de Luis Solís no se han hallado indicios de ello, solo algunas fibras de lana pegadas al traje que llevaba puesto. Ponce decide hacer una nueva visita a María Sáenz de Jáuregui al día siguiente.

Chapter six summary

Upon arriving home, Paula, the coroner, is waiting for Raúl Ponce. They make love and then the inspector sees that there is a scientific police's report on the table. The remains found inside Luis Solís's lungs do not correspond to the analysis of the Urumea river's water, but it is water of the city's purifier. While Ponce reads the report, Paula picks all the clothes up from the floor. She discovers some oxide stains on the hem of inspector's trousers. Both of them deduce that this oxide has to be from the scaffold placed on the bridge and whoever had been there would have the same stains. However, in Luis Solís's clothing, no evidence has been found, just some wool fibers Stuck to the suit he wore. Ponce decides to make a new visit to María Sáenz de Jauregui the following day.

Capítulo siete

A las ocho en punto de la mañana, el inspector Ponce y el agente Robles vuelven a reunirse en el despacho. Ambos han pasado la noche en vela, atando cabos, pero aún no consiguen dar con las claves del caso. Tampoco ven un móvil claro por ninguna de las partes. Esta tarde tendrá lugar la rueda de prensa y a Ponce le gustaría tener datos más fiables que presentar ante los periodistas. Por eso decide regresar a casa de la mujer de Luis Solís y comunicar a ella y, a Ramón Valle, que lo ocurrido la pasada noche no fue un suicidio, sino que fue un asesinato.

Los dos policías vuelven a recorrer el mismo camino que la mañana anterior. Se dirigen hacia el barrio de Ondarreta en el Ford Mondeo de Robles, pero la sensación de ambos hombres es bien distinta a la de ayer. Lo que hacía unas horas se había convertido en la casa de la viuda y el huérfano, ahora había pasado a ser la casa de los sospechosos de cometer un crimen.

Ponce y Robles llaman al timbre de la casa de los Solís. La voz de María Sáenz de Jáuregui parece más tranquila.

—¿Quién llama?

—Buenos días. Somos de nuevo el agente Robles y el inspector Ponce. Tenemos que hablar con usted.

El sonido de la apertura de la puerta y algún ladrido es lo único que se escucha a esas horas de la mañana. La mujer les espera en el umbral de la puerta. Lleva la misma chaqueta de cachemir, pero hoy la combina con un bonito vestido estampado a juego con los zapatos.

—Buenos días –vuelve a saludar Ponce –Espero no haber interrumpido nada ¿Se disponía a salir?

—Buenos días. Sí, iba a salir a hacer unos recados, pero no se preocupen, pasen por favor.

—¿Se encuentra su hijo en casa?

—Aún no se ha levantado. Como comprenderán ayer pasamos un día muy duro y casi no hemos dormido en toda la noche –le excusa.

—Verá señora Solís, lo que tenemos que decirle es algo delicado –comienza a explicarle el agente Robles –Tal vez sería mejor que su hijo estuviera con usted.

—¿Qué ha pasado? –pregunta la mujer algo alterada – Díganme a mí lo que sea.

—Verá, hemos obtenido cierta información del cuerpo de su marido, indicios de que no se suicidó – prosigue Robles mientras el inspector está de pie observando la reacción de ella.

—¿Cómo? No entiendo. ¿Qué está tratando de decirme, agente? Sea claro por favor.

—Lo que el agente Robles quiere decirle es que su marido ha sido asesinado –interviene Ponce.

—¿Asesinado? ¡Dios mío! Pero, ¿quién? ¿Quién ha podido hacer una barbaridad así? –chilla ella envuelta en lágrimas –¡No puede ser! ¿Están seguros de lo que dicen? ¿Asesinado?

—Tranquilícese, estamos haciendo todo lo posible por encontrar al culpable cuanto antes. Lo atraparemos, se lo prometo. Iré a la cocina a traerle un vaso de agua –dice Robles algo azorado por la situación.

El policía entra en la cocina, un lugar amplio con una isla central llena de complementos para cocinar, cazuelas, sartenes, cucharones, todos colocados en un orden exquisito. Primero bebe él un sorbo de agua. Luego coge otro vaso del armario y lo llena hasta arriba para llevárselo a María. Al girarse de nuevo para salir de la estancia, Robles ve un traje, dentro de una bolsa, sobre una de las sillas. Su instinto de policía hace que se acerque a mirarlo. Fuera escucha que Ponce trata de decir algunas palabras de consuelo a la viuda, sin mucho éxito. Al sacar el traje de la bolsa observa que, en el bajo del pantalón, y en varios lugares de la americana hay manchas de óxido.

—¡Jefe! –llama Robles desde la cocina —¡ven aquí!
—¿Qué pasa Robles? –dice él algo contrariado por la interrupción de su compañero.
—Mira esta ropa.

—¡Es óxido! –exclama Ponce.

Los dos hombres salen de nuevo al salón y se dirigen hacia la mujer que aún llora sentada en el sofá.

—Señora Solís. Diga a su hijo que baje.

—Pero…

—O le dice que baje, o subimos a buscarle nosotros. Como prefiera.

—Está bien –dice ella sin entender nada de lo que está ocurriendo.

A los pocos minutos la figura de Ramón Valle aparece en lo alto de la escalera. No parece nervioso. Mantiene la mirada fija en el inspector Ponce. Baja despacio los escalones. Detrás, su madre continúa sollozando.

—Será mejor que se ponga algo de abrigo –le dice Ponce.

—Estoy bien así –responde él, altivo.

—En el camino a comisaría hará frío. Está usted detenido como sospechoso del asesinato de Luis Solís.

—¡Pero qué dice! ¿Se ha vuelto loco? –dice Ramón revolviéndose sobre sí mismo y mirando a su madre que se ha quedado en estado de shock.

—Vamos. Hablaremos de ello en comisaría. Me parece que tienes mucho que contar.

—¡Esto es un disparate! –vocifera Ramón. —¡No tienen derecho a tratarme así!

Ponce agarra del brazo a Ramón Valle y lo lleva hacia la salida de la casa. Mientras, Robles trata de sujetar a María Sáenz de Jáuregui que se ha desvanecido. Ponce vuelve a entrar por la puerta después de haber dejado en el coche al sospechoso.

—Robles, necesitamos el traje de la cocina como prueba, requísalo.

—Ahora mismo voy, jefe. En cuanto María se recupere. Coge tú mi coche.

—De acuerdo –acepta Ponce.

La madre de Ramón vuelve en sí. En el salón ya solo está Robles sentado a su lado. A los pies de este ve una bolsa con el traje que iba a llevar a la tintorería.

—¿Por qué se lleva el traje de Ramón? –pregunta aún aturdida.

—Lamento mucho todo esto, señora. Me lo tengo que llevar. Es una prueba del caso.

—¿Del caso? ¿Qué caso? ¿Dónde se han llevado a mi hijo?

—Ejem –carraspea el agente –Verá. Su hijo está acusado de cometer presuntamente el asesinato de Luis Solís.

—Pero qué está diciendo. Eso es imposible. Él adoraba a Luis. Es incapaz de hacer algo así. Están equivocados –va diciendo la mujer como una letanía.

—Ahora no puedo darle más datos. El inspector Ponce y su hijo ya han ido para comisaría. Si se encuentra mejor, podemos coger un taxi e ir hasta allí. Yo la acompañaré. Entonces le podremos dar más información y así podrá estar cerca de su hijo. Si eso es lo que quiere.

—Sí, claro. Eso es lo que quiero —contesta la mujer aún sin recobrar del todo la conciencia de lo que está sucediendo.

El policía coge su móvil y solicita que un taxi venga a recogerlos al Paseo Satrústegui número setenta y ocho. Robles la escolta hasta el vehículo, temeroso de que vuelva a sufrir un desmayo.

—A la comisaría de Gros, por favor —dice Robles al conductor.

—Muy bien —responde el taxista, algo parco en palabras.

—¿Por qué se lleva el traje? —vuelve a preguntar María cuando el coche arranca y toma dirección hacia el otro lado de la ciudad.

—Ya le he dicho que se trata de una prueba del caso —contesta incómodo Robles.

—Pero, lo iba a llevar a la tintorería. Ramón me dijo que lo llevara a la tintorería.

—No se preocupe ahora por eso. En cuanto lleguemos a comisaría ya verá como su hijo lo entiende.

—¿Mi hijo? ¿Por qué han detenido a mi hijo? –comienza a llorar la mujer que se encuentra en un estado de confusión más que evidente.

El taxista mira la escena por el retrovisor central del coche. Ha oído en la radio y ha leído en la prensa todo sobre el caso del cadáver del puente y no quita ojo a lo que sucede en el asiento trasero de su coche. Mañana tendrá una buena historia para contar a sus colegas. Y en el bar va a ser el héroe cuando les diga a quién ha tenido montado en su taxi.

—Tengo que llevar el traje a la tintorería –repite una vez más la mujer que parece haber entrado en un bucle.

—De verdad. No se preocupe ahora por eso. Ramón lo entenderá.

—¿Conoce usted a Ramón? –dice ella de pronto.

—Claro –se revuelve incómodo el policía.

—Ah, no sabía que se conocieran –dice con extrañeza secándose las lágrimas —¿Ya sabe que está muy enfermo?

—¿Su hijo está enfermo? –pregunta Robles con verdadera sorpresa.

—¿Mi hijo? –repite ella —No, no. Mi hijo está perfectamente. Me refiero a Ramón, el padre de mi hijo.

—¿Cómo? ¿Este traje es de Ramón… padre? –casi chilla el policía.

—Sí, me dijo que lo llevara a la tintorería –balbucea la mujer –Vino a casa y me pidió que lo limpiara. Le dije que estaba muy estropeado, que lo llevaría a la tintorería. A veces él viene a casa, cuando Luis ha salido, para que no le vea.

El conductor del taxi sigue la escena sin perder un solo detalle, tanto es así que está a punto de saltarse un semáforo en rojo y chocar con otro vehículo que le viene de frente. La historia está más interesante de lo que se podía imaginar. Mientras, en el asiento de atrás la mujer de Solís y el agente Robles continúan con la conversación. El conductor mira con fastidio al fondo de la calle, la comisaría está a tan solo un minuto de donde se encuentran.

—Dese prisa, por favor –apremia el policía al taxista.
—Ya llegamos –contesta el hombre contrariado al pensar que tendrá que leer el final de la historia en los periódicos.

María Sáenz de Jáuregui y Arturo Robles entran de forma apresurada en la comisaría. Ponce está con Ramón Valle en la sala de interrogatorios.

—Jefe, puedes venir un momento. Es importante – interrumpe Robles.
—¿Qué pasa?
—Ramón Valle, el Ramón Valle que está en la sala de interrogatorios no es el asesino.
—Explícate mejor –pide el inspector.

—El traje que encontramos en la cocina, es de Ramón Valle, sí. Pero del padre.

—¿El padre? ¿Y qué tiene que ver él en toda esta historia?

—Eso es lo que tenemos que averiguar. Pero antes, si no queremos meternos en un jaleo y gordo, deberíamos soltar a Ramón hijo.

—Sí, tienes razón, Robles. Dile a la sargento Salazar que se encargue. ¿Sabemos dónde encontrar al exmarido de María Sáenz de Jáuregui?

—Según he podido saber, el hombre está enfermo de los pulmones y está viviendo en un piso de alquiler social. Al parecer trabajaba para Luis Solís hace años, él fue quien presentó a Solís a su mujer. Ella le dejó y después de unos años enfermó. Ahora cobra una pensión por invalidez.

—Pues vamos a hacerle una visita que no le va a gustar nada –dice Ponce dirigiéndose hacia la calle.

Resumen capítulo siete

Por la mañana temprano los dos policías se dirigen hacia la casa de Luis Solís. Han de comunicar a la viuda y al huérfano que no ha sido un suicidio, sino que es un caso de asesinato. Ponce sospecha de ambos como presuntos autores del crimen. Tras informar a la mujer de Solís que su marido ha sido asesinado, María Sáenz de Jáuregui llora y le da un ataque de nervios. Robles va a la cocina a por un vaso de agua, es entonces cuando ve en una bolsa un traje que tiene unas manchas de óxido. Inmediatamente se lo comunica al inspector Ponce y hacen bajar a Ramón que está durmiendo en la planta de arriba de la casa. Le acusan del asesinato del señor Solís, las manchas en el traje son determinantes, indican que Ramón estuvo en el puente. Mientras Ponce conduce a Ramón Valle a la comisaría, Robles se queda con la madre de este en la casa. María Sáenz de Jáuregui se ha desvanecido, cuando se recupera, el agente y la mujer van a la comisaría en un taxi. En el viaje hablan del traje y Robles descubre que el traje no pertenece a

Ramón hijo, sino que es un traje de Ramón Valle, el padre biológico. Robles corre a contárselo al inspector. Deben de ir a buscar a Ramón Valle padre, pues él es el verdadero asesino.

Chapter seven summary

Early in the morning both policemen head towards Luis Solís's house. They must communicate to the widow and the orphan that it has not been a suicide, but a murder case. Ponce suspects both of them could be presumed authors of the crime. After informing Solís's wife that her husband has been assassinated, María Sáenz de Jáuregui cries and has a breakdown. Robles goes to the kitchen to take a glass of water, that's when he sees a bag in which there is a suit with some oxide stains. Immediately he communicates it to Inspector Ponce and they make Ramón, who is sleeping in the upper floor of the house, go down. They accuse him of the murder of Mr. Solís, the stains on the suit are decisive. They indicate that Ramón was on the bridge. While Ponce leads Ramón Valle to the police station, Robles stays with the mother at home. María Sáenz de Jáuregui has fainted. When she recovers, the agent and the woman go to the police station by taxi. During the journey they talk about the suit and Robles discovers that it does not belong to Ramón Jr., it is a Ramón Valle´s suit, the biological father. Robles runs to tell the inspector the news. They must go and look for Ramón Valle, the father. He is the real killer.

Capítulo ocho

Ambos policías vuelven a montar en el Ford Mondeo, esta vez para dirigirse hacia la zona de Intxaurrondo. Robles pone la sirena sobre el techo del coche. La luz azul y el pitido ensordecedor logran que todos los peatones se vuelvan y los vehículos se aparten para dejarles paso de manera inmediata. En poco más de seis minutos están frente a la casa en la que vive Ramón Valle, el padre. La puerta está abierta. Ponce la empuja con su mano izquierda a la vez que coloca su mano derecha sobre la culata de su pistola.

—Pasen. Les estaba esperando –les saluda un hombre que permanece sentado en el sillón del cuarto de estar.

—Somos el agente Robles y el inspector Ponce.

—Lo sé. Sé quiénes son –les informa él haciendo una mueca extraña –Se han hecho muy famosos con el caso del cadáver del puente –sonríe.

—Entonces también sabrá que venimos a detenerle. Estamos al tanto de que fue usted el que mató a Luis Solís –arremete contra él el inspector.

—Muy listo, inspector. ¿O es que no lo hice tan bien como pensaba? Solo les ha costado dos días descubrir quién fue el culpable.

Ante los ojos de Ponce se deja ver un hombre sin el menor atisbo de enfermedad. Los músculos bien formados, aspecto atlético y cerca de un metro noventa de estatura. Si no es porque Ramón toma el aire a bocanadas, nadie diría que padece dolencia alguna.

—No se crea. Al principio nos costó ver que podría ser algo más que un suicidio –le indica Ponce jugando a afianzarle su orgullo de asesino y soltarle así la lengua.

—Traté de no dejar pistas, pero está visto que no lo hice demasiado bien. La verdad es que ese cabrón de Solís se lo merecía. Ver su cara mientras le ahogaba en la bañera me produjo mucho placer. Unas gotas de cloroformo fueron suficientes para atontarlo un poco, lo justo para no dejarlo inconsciente del todo. Así él pudo sentir lo mismo que yo cuando sufro las crisis respiratorias. Afortunadamente aún no son muy constantes, pero poco a poco irán aumentando hasta dañar por completo mis pulmones. Ya no me queda mucho tiempo.

Ramón para el discurso un momento para tomar otra bocanada de oxígeno antes de continuar.

—A ese malnacido no le importaba hacernos trabajar con el amianto, a pesar de que sabía que ese material podía producir enfermedades respiratorias muy graves –dice chasqueando la lengua —Yo tengo crisis agudas todavía muy de vez en cuando, por eso vivo pendiente de los inhaladores y, algunas veces, de la bombona de oxígeno. Debo revelarles que disfruté mucho viendo cómo él también se ahogaba, ja, ja, ja – confiesa mientras suelta una sonora risotada.

—Entonces, ¿todo esto se trata de una venganza? – pregunta Robles.

—¿Una venganza? –repite el hombre con el rostro serio –Esto es mucho más que una simple venganza. Luis Solís me lo quitó todo, a mi mujer, a mi hijo, mi salud, mi dinero. Durante años aceptó pagarme una cantidad mensual para que les dejará en paz a él, a María, y al crío. Pero a mí me quedan dos años, tal vez tres, de vida. Él iba a salir ganando otra vez. No podía permitirlo. Me dijo que esta era la última vez que me entregaba el dinero, que la situación en la fábrica era mala. Decidí que sería la última, desde luego –declara con una mirada vidriosa.

—¿Cómo se las apañó para llevar el cadáver hasta el puente? Con su enfermedad no debió de ser fácil – pregunta Ponce aprovechando el arranque de sinceridad del hombre.

—Lo llevé en una silla de ruedas, aprovechando la oscuridad de la noche, con una manta por las rodillas, parecía dormido –recuerda mientras exhibe una sonrisa de displicencia en la cara —Por la orilla del río a esas horas y en esta época del año el lugar es de lo más solitario. Aquel día me encontraba bien, solo me tuve que aplicar el inhalador tres o cuatro veces y

Luis tenía la mitad de envergadura que yo, no fue complicado montarlo en la silla y llevarlo hasta el puente. Después solo tuve que ponerle la soga al cuello y de un empujón lanzarlo al río.

—Entonces, señor Valle, ¿se confiesa autor del crimen de Luis Solís?

—Sí, inspector. Yo lo maté.

—Ramón Valle Solaguren, queda usted detenido por el asesinato de Luis Solís Espinosa. Tiene derecho a un abogado y si no designa abogado, se procederá a asignarle uno de oficio. Tiene también derecho a guardar silencio no declarando si no quiere, a no contestar alguna o algunas de las preguntas que le formulen, o a manifestar que sólo declarará ante el Juez.

—Robles, ponle las esposas.

Resumen capítulo ocho

Cuando los policías llegan a casa de Ramón Valle padre, él les está esperando. Les confiesa que él es el autor del asesinato de Luis Solís. Ramón tiene una enfermedad de los pulmones que contrajo mientras trabajaba para Solís. El empresario le entregaba todos los meses tres mil euros para que se alejara de María Sáenz de Jáuregui y su hijo, y para que no le denunciara por utilizar amianto en la fábrica, un producto que produce graves problemas en el aparato respiratorio e incluso la muerte, como el caso de Ramón, al que ya tan solo le quedan un par de años de vida. Luis Solís se lo quitó todo, a su mujer, a su hijo, su salud y ahora le había dicho que tampoco le daría dinero porque la empresa iba mal. Ramón no iba a dejar que se saliera otra vez con la suya. Por eso le dio cloroformo, un poco, solo para dejarlo semiinconsciente y poderlo así ahogar en la bañera sin mucha resistencia. Después lo montó en una silla de ruedas y lo tapó con una manta, como si estuviera dormido. Así lo trasladó hasta el puente, donde le ató un extremo de la soga al cuello y el otro extremo a la estructura del puente, luego solo tuvo que empujarlo por el hueco que el temporal había hecho en la pasarela. Con la cantidad de problemas que tenía, todos pensarían que se trataba de un suicidio, pero Ponce no se dejó engañar y descubrió la verdad.

Chapter eight summary

When the police officers arrive at Ramón Valle's house, he is waiting for them. He confesses that he is the author of the murder of Luis Solís. Ramón has a lung disease that he contracted while he was working for Solís. The businessman gave him three thousand euros every month to move away from María Sáenz de Jáuregui and his son, and not to report him for using asbestos in the factory, a product that causes serious problems in the respiratory system and even death, like in the case of Ramón, who has just a couple of years to live. Luis Solís took him everything, his wife, his son, his health and now he had told him that he would not give him any money because the company was ailing. Ramon was not going to allow it again. He gave him chloroform, a little bit, just to let him semi-conscious and drown him in the bathtub without much resistance. After that, he got him on a wheelchair and covered him with a blanket, as if he was asleep. In this way, he moved him to the bridge, where he tied one end of the rope to his neck and the other end to the bridge structure. Then he just had to push him through the gap that the storm had made on the catwalk. Due to the amount of problems he had, everyone would think it was a suicide, but Ponce didn´t let himself to be tricked and he discovered the truth.

Material extra / Extra material

VOCABULARIO / VOCABULARY

A

Abastecer: to supply.

Abultado: bulky.

Acabar: to finish.

Acallar: to silence.

Acalorado: heated.

Acogedor: friendly.

Adornar: to decorate.

Afán: effort.

Afectar: to affect.

Afectuoso: affectionate.

Afianzar: to stablish.

Afónica: hoarse.

Afrontar: to confront.

Agente: agent.

Agradable: nice.

Ahogar: to drown.

Ahorcar: to hang.

Alarma: alarm.

Aliviar: to soothe.

Almacén: warehouse.

Alterar: to upset.

Altivo: arrogant.

Altura: height.

Ambiente: atmosphere.

Amenaza: threat.

Amianto: asbestos.

Amplio: spacious.

Amueblado: furnished.

Análisis: analysis.

Analizar: to analyse.

Andamio: scaffoiding.

Anotar: to write down.

Antecedentes: criminal record.

Apañar: to manage well.

Aparcar: to park.

Aparecer: to appear.

Aplicar: to apply.

Apostar: to put in place / to make a bet.

Apremiar: to hurry.

Apuro: difficult situation.

Argumentar: to contend.

Arremeter: to attack.

Asco: repugnance.

Aseverar: to asseverate.

Asignar: to assign.

Asomar(se): to put out.

Aspecto: appearance.

Atisbo: shadow, trace.

Atlético: athletic.

Atontar: to stun.

Atravesar: to go through.

Aturdir: to be stunned.

Autopsia: autopsy.

Averiguación: ascertaiment, inquiry.

Averiguar: to discover.

Avisar: to inform.

Ayudante: assistant.

Azorado: shocked.

Azotar: to lash, to batter.

B

Balancear(se): to swing.

Balbucear: to babble.

Bañera: bathtub.

Barandilla: handrail.

Barbaridad: nonsense.

Barrio: neighborhood.

Barro: mud.

Bate de béisbol: baseball bat.

Bautizar: to baptise.

Biológico: biological.

Bolsillo: pocket.

Bombona: gas bottle.

Brillo: brightness.

Bucle: loop.

Bulo: unfounded rumor.

C

Cabrón: bully.

Cadáver: cadaver.

Calada: puff.

Calefacción: heating.

Calmar: to calm.

Cancelar: to cancel.

Cansancio: tiredness.

Caricatura: caricature.

Carraspear: to clear your throat.

Cartera: wallet.

Castaño: brown hair.

Caudal: water level.

Cautela: caution, care.

Cavilación: deep thought.

Cazuela: cooking pot.

Centenario: centenary.

Cerciorar(se): to make sure.

Chasquear: to click (tongue).

Chillar: to shout.

Científica: scientist.

Cifra: number.

Claridad: clarity.

Clave: key.

Climatología: climatology.

Climatológico: climatological.

Cloroformo: chloroform.

Colaborar: to cooperate.

Colega: colleague.

Colgar: to hang.

Combinar: to combine.

Competencia: rival, competition.

Complementos: complements.

Comportamiento: behaviour.

Conciencia: conscience.

Conducir: to drive.

Confianza: confidence.

Congregar: to bring together.

Conmocionado: to affect deeply.

Conocido: acquaintance.

Conservar: to preserve.

Consolar: to comfort.

Constar: to be sure that.

Construcción: building.

Consuelo: relief.

Contrariar: to displease.

Cordial: cordial.

Costumbre: habit.

Crimen: crime.

Crío: kid.

Cubrir: to cover.

Cucharón: ladle.

Cuello: neck.

Cuerda: rope.

Cuestionar: to question.

Culata: butt.

Culpable: guilty.

Curioso: curious.

D

Dañar: to damage.

Dar el pésame: to give condolence.

Década: decade.

Delantal: apron.

Delgado: slim.

Delicado: delicate.

Demanda: claim.

Depuradora: purification system.

Desaliñado: untidy.

Descartar: to dismiss.

Descortés: impolite.

Descubrir: to discover.

Desesperado: hopeless.

Desperdigar: to disperse.

Desvanecerse: to faint.

Detalle: detail.

Deteriorado: damaged.

Determinante: decisive.

Determinar: to resolve.

Deuda: debt.

Digital: digital.

Discretamente: discreetly.

Discurso: speech.

Discutir: to have an argument.

Disparate: crazy idea.

Displicencia: apathy.

Divorcio: divorce.

Dolencia: disease.

Dormir: to sleep.

Dubitativo: undecided.

Dueño: owner.

E

Empleado: employee.

Empresario: business owner.

Empujón: shove, push.

Encajar: to fit.

Encharcar: to become filled with fluid.

Enemigo: enemy.

Enfado: annoyance.

Enfermedad: illness.

Enfermo: sick.

Ensordecedor: deafening.

Entidad bancaria: banking entity.

Envergadura: magnitude.

Escabroso: naughty.

Escena: scene.

Escoltar: to scort, to guard.

Esconder: to hide.

Especulación: speculation.

Esposa: wife, spouse.

Estampado: print.

Estar equivocado: to be wrong.

Estrangular: to strangle.

Estrecho: narrow.

Estructura: structure.

Evidencia: evidence.

Excesiva: excessive.

Exquisitez: exquisiteness.

Extender: to understand.

F

Fábrica: factory.

Fajo: bundle.

Falsear: to falsify.

Falso: false.

Fiable: reliable, trustworthy.

Fibra: synthetic material.

Fichero: file.

Filtrar: to leak.

Finado: deceased.

Fluir: to flow.

Forense: forensic.

Frecuencia: frequency.

Fundar: to found.

Funeral: funeral.

G

Gélido: icy.

Gemelos: cufflinks.

Gesto: expression.

Gota: drop.

Gruñir: to groan.

Guardacostas: coastguard.

Guerra civil: civil war.

H

Habitual: usual.

Hebilla: buckle.

Hipódromo: racecourse.

Hipótesis: hypothesis.

Huérfano: orphan.

Húmedo: wet.

Humor: humour.

Hundir: to sink.

Huraño: shy.

I

Identidad: identity.

Impacto: impact.

Imperdonable: unforgivable.

Importe: amount.

Importunar: to bother.

Incómodo: uncomfortable.

Inconsciente: unconscious.

Indagación: inquiry.

Indicio: sign, evidence.

Indispensable: essential.

Individual: individual.

Infancia: childhood.

Infundado: baseless.

Inhalador: inhaler.

Iniciales: initials.

Inmediación: propinquity.

Inmersión: immersion.

Inocencia: innocence.

Inquina: aversion.

Insignificante: insignificant.

Insinuación: insinuation.

Inspeccionar: to examine.

Inspector: inspector.

Instrucciones: instructions.

Intacto: intact.

Interponer: to file.

Interrogatorio: interrogation.

Interrumpir: to interrupt.

Intervalo: interval.

Intimidad: privacy.

Ironizar: to speak ironically.

J

Jaleo: row.

Juerga: spree.

Juez: judge.

Juntar: to assemble.

Juzgado: court.

K

—

L

Ladrido: bark.

Ladrón: thief.

Lamentar: to regret.

Lana: wool.

Lavadora: washing machine.

Letanía: litany.

Lio: trouble, mess.

Llanto: sobbing.

Luchar: to fight.

Ludopatía: addiction to gambling.

Lujo: luxury.

Lustrar: polish.

M

Macabro: macabre.

Madrugada: early morning.

Mala racha: bad run.

Malnacido: bastard.

Maniobra: manoeuvre.

Marea: tide.

Marejada: rough water.

Marítimo: maritime.

Máscara: mask.

Material: material.

Matrimonio: marriage.

Medios (de comunicación): media.

Mentolado: mentholated.

Mesilla: nightstand.

Metal: metal.

Meteorología: meteorology.

Militar: military.

Mirada: look.

Mojar: to wet.

Músculo: muscle.

Mutismo: mutism.

N

Navidades: Christmas.

Negocio: business.

Notario: public notary.

Ñ

—

O

Obediente: obedient.

Ocurrir: to happen.

Odiar: to hate.

Opinar: to give your opinion.

Orgullo: pride.

Óxido: rust.

Oxígeno: oxygen.

P

Pantalla: screen.

Pañuelo: handkerchief.

Parco: sparing.

Pasarela: footbridge.

Peatón: pedestrian.

Peldaño: step.

Péndulo: pendulum.

Penetrante: penetrating.

Percatarse: to realice.

Perfil: profile.

Perímetro: perimeter.

Periodista: journalist.

Pesquisa: investigation.

Piel: leather.

Piso de alquiler social: social rental flat.

Pista: clue.

Pistola: pistol, gun.

Pitido: whistle.

Placer: pleasure.

Plateada: silver.

Población: population.

Poderoso: powerful.

Polígono industrial: industrial estate.

Poner en común: to put in common.

Portada: front page.

Preámbulo: preamble.

Precipitar(se): to hurry.

Preferir: to prefer.

Presidir: to preside over.

Presión: pressure.

Presteza: quickness.

Previo: previous.

Protocolo: protocol.

Provocar: to excite.

Pueblo: village.

Puente: bridge.

Pulmón: lung.

Puñado: handful.

Q

Quiebra: bankruptcy.

R

Rango: rank.

Raza: race.

Reacción: reaction.

Reacio: opossed.

Recado: errand.

Recelosa: suspicious.

Recomponerse: to fix.

Recopilar: to compile.

Recrear: to recreate.

Reflexionar: to think about.

Refresco: soft-drink.

Regularidad: regularity.

Replicar: to reply.

Requisar: to confiscate.

Respiración: breathing.

Respiratorio: respiratory.

Retadora: challenging.

Retórica: rhetorical.

Risotada: burst of laughter.

Robusto: robust, strong.

Rodilla: knee.

Romántico: romantic.

Ronca: hoarse.

Rosal: rose bush.

Rueda de prensa: press conference.

Rumor: rumour.

S

Sagaz: sharp, clever.

Salvaguardar: to protect.

Salvamento: rescue.

Sartén: frying pan.

Secar: to dry.

Silla de ruedas: wheelchair.

Sincera: sincere.

Sinceridad: sincerity, honesty.

Sirena: siren.

Sobornar: to suborn.

Sociable: sociable.

Socio: partner.

Soga: rope.

Solitario: solitary, reserved.

Sollozar: to sob.

Soltera: single.

Sombra: shadow.

Sonora: resounding.

Sorbo: sip.

Sospecha: suspicion.

Sospechoso: suspicious.

Suave: soft.

Suceder: to happen.

Suceso: event, happening.

Suicida: suicide victim.

Suicidio: suicide.

Sumergir: to plunge.

Susurro: whisper.

T

Taller: assembly shop.

Tarjeta de visita: business card.

Techo: roof.

Tecla: key.

Temporal: rough weather.

Terapia: therapy.

Testigo: witness.

Tintorería: dry cleaner.

Tono: tone.

Tragar: to swallow.

Trámite: process.

Transacción: transaction.

Transcurrir: to pass.

Tristeza: sadness.

U

Ubicar: to place.

Umbral: doorstep.

V

Valentía: courage.

Valla: fence.

Vecino: neighbour.

Vehículo: vehicle.

Venganza: revenge.

Vidriosa: glassy.

Viento: wind.

Violencia: violence.

Viuda: widow.

Vociferar: to shout.

Volver en sí: to come to your senses.

W

—

X

—

Y

—

Z

—

LÉXICO Y GRAMÁTICA / LEXICON AND GRAMMAR

Preposiciones / Prepositions

Es la parte invariable de la oración que se emplea para indicar la relación que hay entre dos palabras.

A / Ante / Bajo / Cabe / Con / Contra / De / Desde / En / Entre / Hacia / Hasta / Para / Por / Según / Sin / So / Sobre / Tras

La preposición "a", cuando se antepone al artículo masculino, forma la contracción "al" (a+el) / The preposition "a", preceded by a masculine article, forms "al" (a+el):

A̱l caballo le falta un diente.

La preposición "de", cuando se antepone al artículo masculino, forma la contracción "del" (de+el) / The preposition "de", preceded by a masculine article, forms "del" (de+el):

No es culpa <u>del</u> hijo, es culpa <u>del</u> padre.

EXPRESIONES IDIOMÁTICAS / IDIOMS

Hacer una noche de perros: se refiere al hecho de hacer mal tiempo o haber tenido una mala noche / It refers to the fact of bad weather or having a bad night.

Dar algo por sentado: dar por supuesta o cierta una cosa / to take for granted or certain one thing.

Suponer un mazazo: que causa una gran impresión o decepción / which causes a great impression or disappointment.

Pasar por alto: no darse cuenta / not realize.

Dar vueltas a la cabeza: pensar mucho las cosas / to think about something at length.

Pasar la noche en vela: estar toda la noche sin dormir / not sleep a wink.

Atar cabos: unir datos para resolver un problema / to join clues to solve a problem.

Soltar la lengua: lograr que alguien hable / to get someone to talk.

EJERCICIOS DE COMPRENSIÓN LECTORA/ READING COMPREHENSION EXERCISES

Escoge la respuesta correcta / Choose the correct answer

Ejercicios de comprensión lectora capítulo uno / Reading comprehension exercises chapter one

1.— ¿Quién llama al Inspector Ponce para notificarle la aparición de un cadáver?

    a) La forense.

    b) El agente Robles.

    c) Una mujer que venía de una fiesta.

    d) Su madre.

2.— ¿Cómo iba vestido el hombre que aparece colgado del puente?

    a) Con ropa deportiva.

    b) Con un disfraz de pirata.

c) Con traje y corbata.

d) Con unos pantalones vaqueros.

**Ejercicios de comprensión lectora capítulo dos /
Reading comprehension exercises chapter two**

3.— ¿A qué se dedicaba Luis Solís?

a)   A la construcción.

b)   Era conductor de autobús.

c)   Era dueño de un restaurante.

d)   Era cantante.

4.— ¿Qué llevaba el cadáver en uno de los bolsillos
del traje?

a)   Caramelos.

b)   Una gran cantidad de dinero.

c)   Un pañuelo.

d)   Unos guantes.

Ejercicios de comprensión lectora capítulo tres / Reading comprehension exercises chapter three

5.— ¿Qué otro problema tenía Luis Solís además de la quiebra de la fábrica y su divorcio?

    a) Estaba en silla de ruedas.

    b) Estaba calvo.

    c) Era ludópata.

    d) Era sordo.

6.— ¿A quién iba a vender la empresa familiar?

    a) A su hijo.

    b) A unos empresarios alemanes.

    c) A su socio.

    d) A su mujer.

Ejercicios de comprensión lectora capítulo cuatro / Reading comprehension exercises chapter four

7.— ¿Cómo murió Luis Solís?

a) Ahorcado por una cuerda.

b) Apuñalado.

c) Golpeado con un bate de béisbol.

d) Ahogado.

8.— ¿Por qué la policía no sabía de la existencia de Ramón?

a) Porque no es hijo de Luis Solís y lleva el apellido de su padre biológico.

b) Porque la policía nunca se entera de nada.

c) Porque Ramón vive en el extranjero.

d) Porque murió hace años.

Ejercicios de comprensión lectora capítulo cuatro / Reading comprehension exercises chapter five

9.— ¿Dónde estaba Ramón la noche en que murió Luis Solís?

a) En el bar.

b) En casa con su madre.

c) En la fábrica.

d) En una discoteca.

10.— ¿Qué es lo más importante en la vida para Ramón?

a) La familia.

b) El dinero.

c) Su colección de trenes.

d) La salud.

**Ejercicios de comprensión lectora capítulo cuatro /
Reading comprehension exercises chapter six**

11.— ¿Qué es lo que encuentra la forense en las ropas del inspector Ponce?

a) Una mancha de carmín.

b) Una macha de óxido.

c) Una mancha de leche.

d) Un botón descosido.

12.— Según los análisis ¿de dónde proviene el agua de los pulmones de Luis Solís?

a) Del río.

b) De la depuradora de agua de la ciudad.

c) Del mar.

d) De un charco.

Ejercicios de comprensión lectora capítulo cuatro / Reading comprehension exercises chapter seven

13.— ¿Qué encuentra Robles en la cocina de la casa de María Sáenz de Jáuregui?

a) Un gato.

b) Un plato de espaguetis.

c) Un traje manchado de óxido.

d) Una plancha.

14.— ¿Qué descubre Robles en el taxi camino de la comisaría?

a) Que los taxis en San Sebastián son muy caros

b) Que el conductor del taxi fuma

c) Que María Sáenz de Jáuregui tenía que ir a la peluquería

d) Que el verdadero asesino es el padre biológico de Ramón

Ejercicios de comprensión lectora capítulo cuatro / Reading comprehension exercises chapter eight

15.— ¿Qué llevó a Ramón Valle padre a asesinar al señor Solís?

a) Una enfermedad pulmonar que contrajo en la empresa por utilizar amianto.

b) Que Solís le quitó a su mujer y a su hijo.

c) Que el empresario decidió no darle más dinero porque la fábrica no iba bien.

d) Todas son correctas.

16.— ¿Cómo trasladó el cuerpo de Luis Solís desde la casa hasta el puente?

a) En coche.

b) En un taxi.

c) En una silla de ruedas.

d) Cargándolo en brazos.

Soluciones / Solutions:

1) B
2) C
3) A
4) B
5) C
6) B
7) D
8) A
9) B
10) A
11) B
12) B
13) C
14) D
15) D
16) C

Short link audio soundcloud: bit.ly/2pMU1VJ

Link audio:

https://soundcloud.com/garviar-teresa/el-cadaver-del-puente/s-uRW2I

https://drive.google.com/open?id=1B8PAikezV0gsN bTqwu8XNCylp1BK7pYT

If you have any problems or suggestions, please contact us at the following email address:

improvespanishreading@gmail.com

Notas/Notes

Títulos de la colección publicados hasta la fecha

Las galletas de la suerte (beginner)

Una aventura de Whatsapp (beginner)

Viaje a Singapur (upper-beginner)

Misterio en la biblioteca (intermediate)

La verdad de la leyenda (intermediate)

Una carta inesperada (upper-intermediate)

El secreto del molino (pre-advanced)

Tus huellas son mis pasos (advanced)

El cadáver del puente (advanced)

Asesinato en el bosque (advanced)

Visita nuestra página web

http://improve-spanish-reading.webnode.es/